Lernen mit Sternen

3. Lesestufe
Lese-geschichten

Copyright © Parragon Books Ltd

Illustrationen: Paula Martyr und Jan Smith
Text: Sue Graves

Alle Rechte vorbehalten. Die vollständige oder auszugsweise Speicherung, Vervielfältigung oder Übertragung dieses Werkes, ob elektronisch, mechanisch, durch Fotokopie oder Aufzeichnung, ist ohne vorherige Genehmigung des Rechteinhabers urheberrechtlich untersagt.

Copyright © für die deutsche Ausgabe
Parragon Books Ltd
Queen Street House
4 Queen Street
Bath BA1 1HE, UK

Übersetzung, Redaktion und Satz: Jürgen Lassig, Arnsberg
Koordination: trans texas GmbH, Köln

ISBN 1-40546-462-3
Printed in India

Lernen mit Sternen

Lese-geschichten

3. Lesestufe

Inhalt

Vorwort für die Eltern........................S. 10–11

Ein Tiger mit Punkten.......S. 12–33
Übungen..................................S. 34–35

Der große Bagger..............S. 36–57
Übungen...................................S. 58–59

Schweinchens Schatz......S. 60–81
Übungen...................................S. 82–83

Vorwort für die Eltern

Mit Kindern lesen ist für alle Eltern eine unvergessliche Erfahrung. **Lernen-mit-Sternen**-Geschichten für Erstleser unterstützen die Kinder in ihrem Eifer, lesen zu lernen.

Die Bücher sind in vier Lesestufen unterteilt. Die Geschichten einer Stufe können in jeder beliebigen Reihenfolge gelesen werden. Der Schwierigkeitsgrad wird von einer Lesestufe zur nächsten bewusst nur wenig gesteigert, denn es ist sehr wichtig, dass Kinder zu Beginn des Lesenlernens leicht Fortschritte machen. Erfolg schafft Vertrauen.

Zu Beginn

Lesen Sie die Geschichte zuerst laut vor. Lesen Sie langsam und sprechen Sie ausführlich über die Bilder. Das ermöglicht Ihrem Kind, eine Verbindung zwischen den Bildern und der Geschichte herzustellen.

Lesen Sie dieselbe Geschichte mehrmals vor, sodass Ihr Kind die Geschichte, die Wörter und Redewendungen schließlich kennt. Es wird nach einiger Zeit die Geschichte mit Ihnen zusammen laut lesen wollen. Dabei führen Sie den Finger Zeile für Zeile unter den Wörtern entlang, die Sie gerade lesen.

Unterbrechen Sie von Zeit zu Zeit und lassen Sie Ihr Kind dann allein laut weiterlesen. Helfen Sie, wenn es nicht weiterweiß. Dies ist der nächste Schritt Ihres Kindes auf dem Weg zum selbständigen Lesen.

Bald wird Ihr Kind allein lesen können. Hören Sie genau zu und sparen Sie nicht mit Lob.
Und vergessen Sie nicht: Lesen soll Spaß machen!

Die Lernen-mit-Sternen-Sticker

Zur Belohnung gibt es: Lernen-mit-Sternen-Sticker! Es werden gute Resultate und auch die Versuche belohnt. Lesenlernen ist für jedes Kind eine spannende Herausforderung.

Beachten Sie diese vier wichtigen Schritte:
- Lesen Sie die Geschichte vor.
- Lesen Sie die Geschichte laut zusammen mit Ihrem Kind.
- Ermutigen Sie Ihr Kind vorzulesen.
- Hören Sie zu, wenn Ihr Kind liest.

Ein Tiger mit Punkten

Tiger hat viele Streifen.
Er hat überall viele Streifen.

Tiger ist sehr stolz auf
seine Streifen.
„Ich bin voller Streifen", sagt er.

Tiger geht jeden Tag zum Teich und sieht sich im Wasser an. Er bewundert seine Streifen.

Er dreht den Kopf in eine Richtung.
Und dann in eine andere.
„Toll! Ich habe vielleicht schöne
Streifen!", sagt er.

Aber eines Tages erlebt Tiger eine große Überraschung.
Er sieht in den Teich und ...
reißt vor Schreck die Augen auf.
Tiger sieht überall Punkte!

„Hilfe!", ruft Tiger. „Ich bin voller Punkte! Und es juckt so!"

Tiger ist sehr traurig. Er schluchzt laut und kläglich. Seine Tränen tropfen in den Teich. Tropf! Tropf!

„Ich will keine Punkte", sagt Tiger.
„Ich muss den Affen fragen,
der weiß sicher Rat."

Tiger geht zum Affen. Er hängt
an einem Ast hoch oben im Baum
und schaukelt.

„Sieh dir nur meine Punkte an, Affe!",
sagt Tiger. „Ich bin voller Punkte,
und es juckt. Kannst du mir helfen?"

Der Affe springt näher heran.
Er sieht Tiger genau an und lacht.
„Ein Tiger mit Punkten!", sagt
der Affe. „Ich habe noch nie einen
Tiger mit Punkten gesehen. Frag
mal die Schlange. Sie kann dir
bestimmt helfen."

Tiger geht zur Schlange.
Sie schlummert im Gras.
„Sieh dir bloß mal meine Punkte an, Schlange!", sagt Tiger. „Ich bin voller Punkte, und es juckt. Kannst du mir helfen?"

Die Schlange sieht Tiger an. Dann zischt sie und schüttelt den Kopf. „Ein Tiger mit Punkten!", sagt die Schlange. „Ich habe noch nie einen Tiger mit Punkten gesehen. Frag den Elefanten. Der kann dir helfen."

Tiger geht zum Elefanten.
Der duscht gerade.

„Sieh dir nur meine Punkte an,
Elefant!", sagt Tiger. „Ich bin voller
Punkte, und es juckt. Kannst du
mir helfen?"

Der Elefant sieht Tiger genau an.
„Ein Tiger mit Punkten!" Der Elefant
hebt den Rüssel und trompetet laut.
„Ich hab noch nie einen Tiger mit
Punkten gesehen! Frag den Orang-
Utan. Er kann dir bestimmt helfen."

Tiger geht zum Orang-Utan. „Sieh dir nur meine Punkte an, Orang-Utan!", sagt Tiger. „Ich bin voller Punkte, und es juckt. Kannst du mir helfen?"

Der Orang-Utan betrachtet Tigers Punkte. Dann kratzt er sich am Kopf. „Du hast die Windpocken!", sagt der Orang-Utan.

„Deshalb hast du überall Punkte, und es juckt. Aber keine Angst, dir geht es bald wieder besser."

Der Orang-Utan macht für Tiger
ein Bett aus weichen Blättern.
Dann gibt er ihm etwas Kaltes zu
trinken und kühlt ihn mit Wasser.
„Du darfst an den juckenden
Flecken nicht kratzen", sagt
der Orang-Utan.

Tiger liegt in seinem Bett
aus Blättern.
„Mir geht es schon besser", sagt er.

Nach einigen Tagen gehen
Orang-Utan und Tiger
wieder zum Teich.
„Sieh dich mal an, Tiger", sagt der
Orang-Utan. „Na, was siehst du?"

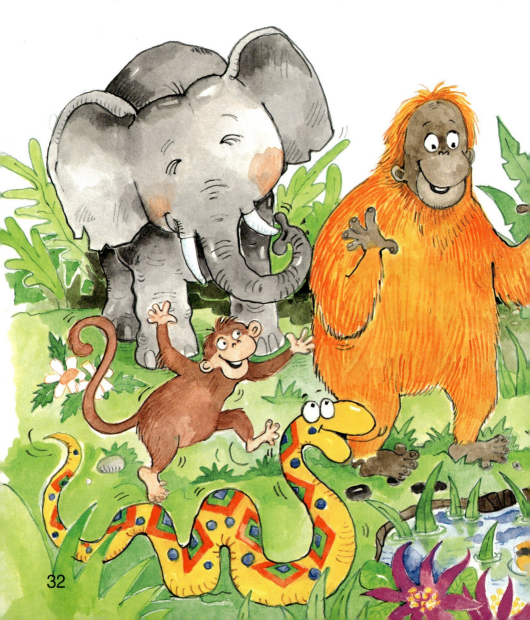

Tiger sieht in den Teich. Er dreht den Kopf zur einen Seite. Und zur anderen.
„Toll! Ich bin voller Streifen!", sagt er. „Danke, Orang-Utan!"

Lies die Sätze und ergänze sie mithilfe der Bilder.

_____ hat viele Streifen.

Tiger geht zum _____ .

_____ sieht Tiger genau an.

hebt den Rüssel und trompet laut.

betrachtet Tigers Punkte.

Der Orang-Utan macht ein Bett aus weichen   .

Der große Bagger

Der große Bagger ist sehr groß. Der große Bagger hat eine große Schaufel. Mit der Schaufel kann er Löcher graben und Steine tragen.

Das ist Bernd. Er fährt den großen Bagger. Bernd arbeitet am liebsten mit dem großen Schaufelbagger.

Manchmal arbeiten Bernd und
der große Bagger in der Stadt.
Sie graben Löcher in die Straße.
Und sie schütten die Löcher
wieder zu.

Bernd und der große Bagger
graben gern Löcher in die Straßen.
Aber manchmal ist es sehr laut!

Manchmal arbeitet Bernd mit dem
großen Bagger auf einer Baustelle.
Sie müssen Mauersteine auf
der Baustelle herumfahren.

Bernd und der große Bagger
arbeiten gern auf Baustellen.
Manchmal ist es hier sehr laut!

Eines Tages klingelt das Telefon.
Herr Schmitt ist am Telefon.
„Guten Tag, Herr Schmitt!",
sagt Bernd.

„Hallo, Bernd", sagt Herr Schmitt.
„Ich muss einige alte Mauern auf einer Baustelle wegschaffen. Kannst du mir mit deinem Bagger helfen?"

Auf der Baustelle sagt Herr Schmitt zu Bernd:
„Die Mauer soll weg, und die alten Steine müssen dort hinten hingebracht werden."

„Wird gemacht!", sagt Bernd.
Bernd macht sich mit dem großen
Schaufelbagger an die Arbeit.

Da sieht Bernd einen kleinen Vogel.
Der Vogel sitzt im Nest. Er brütet
seine Eier aus. Er hat sein Nest
in einem alten Regenrohr gebaut.
„Oje!", ruft Bernd. „Sieh dir das an,
großer Bagger. Das ist ein
schlechter Platz für ein Vogelnest."

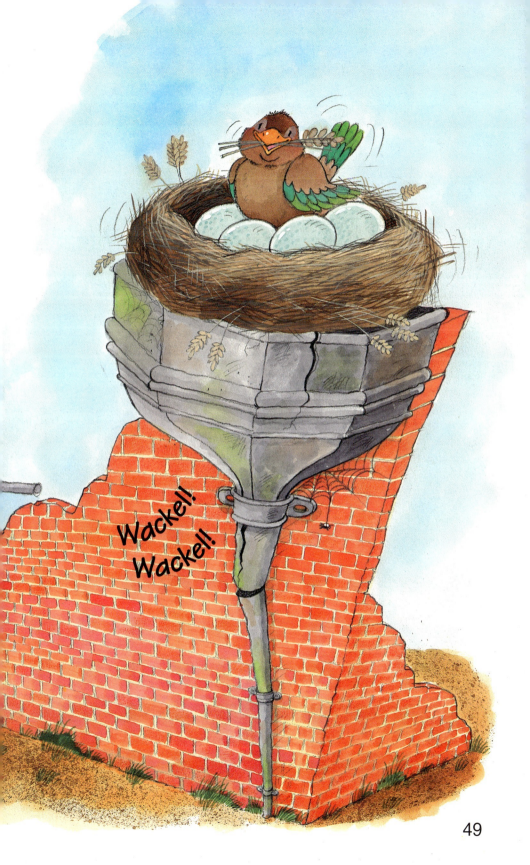

Bernd füllt die Baggerschaufel
mit Stroh.
Dann hebt er die Schaufel an.

Er fährt die Baggerschaufel bis zum Regenrohr hoch. Vorsichtig fasst er mit der Schaufel das Vogelnest und die Eier.

Der große Bagger bringt das Nest zum Baum.
„Im Baum ist das Nest sicher", sagt Bernd. Die Baggerschaufel fährt mit den Eiern in die Höhe.

Ganz vorsichtig hebt Bernd das Nest in den Baum. Jetzt hat das Nest einen neuen Platz.

"Sieh mal, der kleine Vogel!", ruft Bernd. "Er setzt sich ins Nest. Jetzt hat er ein sicheres Nest."

Der kleine Vogel sitzt auf den Eiern
in seinem sicheren Nest.
„Bald schlüpfen die Jungen",
sagt Bernd.

Einige Tage später hört Bernd ein Geräusch. Das Geräusch kommt vom Nest im Baum.

„Siehst du, großer Bagger!", sagt Bernd. „Die Jungen sind geschlüpft. Und du hast dabei sehr geholfen!"

Lies die Sätze und ergänze sie mithilfe der Bilder.

Der große  gräbt gern Löcher.

Bernd sieht den  .

Der kleine Vogel sitzt im  .

Die Baggerschaufel fährt mit den in die Höhe.

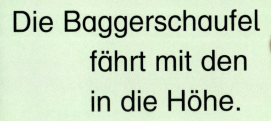

Ganz vorsichtig hebt Bernd das in den Baum.

sagt: „Danke, großer Bagger!"

Schweinchens Schatz

Das ist Rosa Schweinchen.
Rosa Schweinchen tut manchmal alberne Dinge. Deshalb nennen sie alle „albernes Schweinchen".

„Albernes Schweinchen!", sagt
das Pferd. „Schweine tragen doch
keinen Blumenkranz auf dem Kopf!"

Eines Tages hat Rosa Schweinchen eine Idee.
Sie geht zu den anderen Tieren und erzählt ihnen davon.

„Ich gehe auf Schatzsuche", sagt
sie. „Ich werde einen großen Schatz
auf dem Bauernhof finden."
„Albernes Schweinchen!", sagen die
anderen Tiere. „Auf dem Hof
gibt es doch keinen Schatz!"

Doch Rosa Schweinchen macht sich
gleich auf Schatzsuche.
Sie läuft durch das Tor
den Weg entlang.

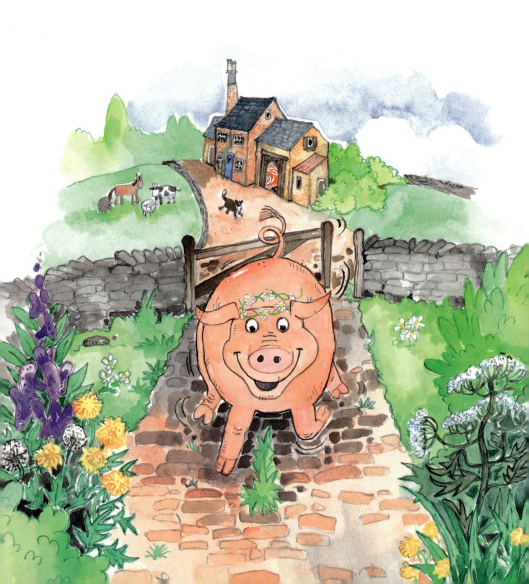

Plötzlich sieht Rosa Schweinchen etwas Glänzendes im Baum. Sie bleibt stehen.
„Oh! Eine glänzende Kette im Baum! Eine glänzende Kette ist ein Schatz. Ich werde sie um den Hals tragen."

Aber die glänzende Kette ist gar keine Halskette. Es ist das Netz einer Spinne. Und im Spinnennetz glänzen die Tautropfen.

Die Spinne ist sehr wütend.
„Wie kann man nur so etwas
Dummes machen!", sagt sie.
„Albernes Schweinchen!"

Aber ich suche doch den Schatz,
denkt Rosa Schweinchen
und geht weiter den Weg entlang.

Mit einem Mal bleibt
Rosa Schweinchen stehen. Sie sieht
etwas Glänzendes vor sich.
„Oh! Glänzende Ohrringe im
Gebüsch", sagt sie. „Glänzende
Ohrringe sind ein Schatz. Ich werde
mich damit schmücken."

Aber die glänzenden Ohrringe sind gar keine Ohrringe. Es sind rote Kirschen bei einem Vogelnest. Die Kirschen glänzen in der Sonne.

Die Amsel ist sehr verärgert. „Wie kann man nur so etwas Albernes machen!", sagt sie. „Albernes Schweinchen!"

Rosa kommt sich sehr albern vor.
Ich suche doch nur den Schatz,
denkt sie und geht weiter.

Plötzlich bleibt Rosa Schweinchen stehen. Sie sieht etwas Glänzendes im Schlamm.
„Oh! Etwas Glänzendes im Schlamm!", sagt sie. „Das ist bestimmt ein Schatz!"

Rosa Schweinchen zieht das glänzende Ding aus dem Schlamm. „Wie schade!", sagt sie. „Nur ein Ring. So ein alberner Schatz! Ich kann mir den Ring doch nicht um den Hals legen. Oder meine Ohren damit schmücken."

Rosa Schweinchen nimmt den Ring und geht zum Hof zurück.

Katie, die Bauersfrau, geht zu
Rosa Schweinchen.
Da sieht Katie den Ring.

„Rosa Schweinchen!", ruft sie.
„Was hast du denn da?"
Katie nimmt den Ring.

„Das ist ja mein Ring!", ruft Katie.
„Du hast meinen Ring gefunden!
Vielen Dank!"

Katie umarmt Rosa. „Du kluges Schweinchen!" Da kommt sich Rosa Schweinchen richtig klug vor.

„Du kluges Schweinchen!"

Lies die Sätze und ergänze sie mithilfe der Bilder.

Rosa sieht etwas Glänzendes im 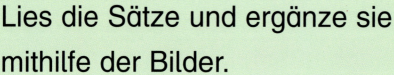 .

Im  glänzen die Tautropfen.

Die ist sehr wütend.

Rosa  kommt sich sehr albern vor.

Rosa nimmt den 🛟 .

Sie geht damit zurück zum

Lernen mit Sternen

Die Geschichten der 3. Lesestufe sind für Kinder geeignet, die schon einfache Sätze lesen können.

- Längere Geschichten
- Aufbau eines größeren Wortschatzes
- Textstellen werden in den Sprechblasen wiederholt
- Bilder, die den Text unterstützen
- Übungen zur Wiederholung von ganzen Sätzen